# KLEMENS TILMANN · LEBEN AUS DER TIEFE

KLEMENS TILMANN

# LEBEN AUS DER TIEFE

KLEINE ANLEITUNG ZUR INNEREN
VERSENKUNG UND
CHRISTLICHEN MEDITATION

BENZIGER VERLAG

Mit kirchlicher Druckerlaubnis des Bischöflichen Ordinariates Chur
vom 28. Juni 1975

# INHALT

# STILLE WEGE

Stille Wege führt dieses Buch. Aus den Sorgen und dem Kleinkram des Alltags, aus Hast und Hetze in die Tiefe und Weite des eigenen Wesens und in die Tiefe, Weite und Größe Gottes und seiner Liebe.

Sehr verschiedene Menschen werden dieses Buch in die Hände nehmen. Darum muß jeder das Gebotene brauchen, wie es ihm dient. Nur eins darf er nicht: lesen und meinen, jetzt hätte er, was das Buch ihm geben wollte. Nein, das Buch will Weggeleit sein. Gehen, suchen, versuchen, sich einlassen, üben, tun, neu beginnen und weitergehen, immer weiter, das muß jeder einzelne. Alle Übungen, auch Teile von ihnen, können oft und oft gebraucht werden. Wer sie benützt, wird reiche Frucht und Beglückung finden und kann heil werden und letzte Einheit finden in dem, worauf es überhaupt ankommt.

Die meisten der folgenden Texte sind Vorausveröffentlichungen aus dem zweiten Bande der « *Führung zur Meditation* ». Damit soll ein Gebrauchs- und Übungsbüchlein für die vielen geboten werden, die das Hauptwerk nicht lesen können.

# I. DER WEG IN DIE TIEFE

Komm mit, wir suchen den Weg in die Tiefe! Sie ist gar nicht weit, und der Weg zu ihr ist im Grunde leicht und natürlich. Sie ist der blühende Abgrund in dir, geheimnisvoll und doch voll quellenden Lebens und Kräften, aus denen wir leben.

Ja du warst schon manchmal dort und hast daraus Leben und Fülle empfangen. Nur wußtest du nicht, woher das kam, was dich in diesen seltenen Stunden anrührte, dein Herz weit machte und tief; was dich empfinden ließ: Das ist jetzt groß. Jetzt bin ich richtig und tief. Jetzt bin ich am Eigentlichen. – Doch bald war es vorbei.

Vielleicht war es in einer Stunde der Liebe? Oder der Besinnung? Oder einer Begegnung mit einem Kunstwerk, einer Melodie, einer Erzählung? Oder du wußtest dich Gott ganz nahe?

Doch dann war es vorbei. Die Alltagsdinge drängten sich auf. «Jetzt bist du wieder in der Wirklichkeit», wollten sie sagen, «laß dieses fremde Gefühl.» Du aber fühltest, wie eng und oberflächlich sie waren. Nein, laß dich nicht täuschen. Vorhin warst du im Eigentlichen, in deiner Tiefe. Jetzt bist du oben, draußen, nicht so bei dir. Das gehört freilich auch zum Leben. Aber in der Tiefe findest du das Eigentliche, dein Leben, deine Wirklichkeit. Und die Tiefe und Fülle aller Wirklichkeit. Eines Tages merkst du dann, daß durch all das, was dich innerlich anrührt, Gott hindurchleuchtet.

«Ach könnte ich wieder hinab, könnte ich dorthin», sagst du. Aber es ist weg wie ein Traum.

Damit du den Weg in deine Tiefe leichter findest, mußt du einige *Zugänge* kennen – und sie benützen. Dann kommst du bald hinab.

Der erste heißt: *Ruhe und Stille.* Geh hin, wo du allein bist, nicht gestört wirst, wo die Ruhe der Umwelt dich ansteckt. Vielleicht ist es ein Zimmer, der Wald oder eine Kirche. Wenn dir einmal etwas begegnet, was Ruhe ausstrahlt, bleib dort.

Der zweite heißt: *Loslassen.* Alle Sorgen, Pflichten, Anstrengungen, alle Eile und Geschäftigkeit. Mehr und mehr alles Grübeln, Diskutieren, Denken, Wollen, alles Absichtliche. Je mehr du das jetzt losläßt, je mehr du dich selber losläßt und in dir hinabsinkst, bist du auf einem Zugang, der bald in den Weg übergeht.

Der dritte Zugang heißt: *Gelöst sitzen.* Nicht: Sich hinflegeln. Aber auch nicht: Sich krampfhaft gerade halten. Ruhig, gelöst, aufrecht, losgelassen sitzen, nichts wollen, warten, nichts erwarten, und innerlich hinuntergehen[1].

Der vierte Zugang heißt: *Richtig atmen.* Das bedeutet einmal: Nicht oben, sondern unten. Nicht mit der Brust, sondern mit dem Zwerchfell, im Bauch. So hast du als Kind geatmet. So ist es das natürliche[2].

Und dann bedeutet richtig atmen: Nicht absichtlich, nicht gewollt, nicht hastig, nicht verklemmt oder krampfhaft,

---

[1] Siehe Meditationshaltungen, S. 77f in diesem Buch.
[2] Wenn dir das Atmen mit dem Zwerchfell nicht gelingen will, können dir diese beiden Übungen helfen: Lege dich langgestreckt mit dem Rücken auf den Boden. Falte die Hände im Nacken. Ziehe die Füße an, so daß sich die Knie aufstellen, überkreuze die Füße und lasse die Knie auseinanderfallen. Wenn du jetzt den Atem laufen läßt, atmest du mit dem Zwerchfell. Ein Buch, auf den Bauch gelegt, wird sich heben und

sondern den Atem kommen lassen und gehen lassen, wie er selber will. Auch den Atem loslassen, ihn strömen lassen: breit, ruhig, frei in langen Rhythmen. Sich dem Atem überlassen. Nach dem Ausatmen eine Pause lassen, darin ruhen; sie wird immer länger werden. Sich darin wohlfühlen.

Diese Zugänge mußt du oft benutzen. Am besten täglich. Wenn du das tust: ruhig und ungestört an einem stillen Ort sein, loslassen, gelöst sitzen und richtig atmen, so wirst du merken: diese Zugänge vereinen sich zu einem *Weg*. Der läßt dich still werden und führt dich in deinen blühenden Abgrund, in deine innere Ruhe und Tiefe.

Willst du auf diesem Wege vorwärtskommen, so sprich und wiederhole innerlich vier Worte. Verbinde sie mit dem Atemrhythmus und sage sie immer wieder, immer wieder. Für das Ausatmen braucht man zwei Takte des Atemzuges. Atme tief aus und sprich dabei: *Loslassen – niederlassen*. Vollziehe innerlich, was die Worte sagen. Der dritte Takt ist die Atempause. Bei dieser sag: *Einswerden*. Mit was? Mit deiner Tiefe, in die du gesunken bist. Sie ist wie ein blühender Abgrund mit den Quellwassern, die dir dort unten geschenkt werden, von denen du lebst. Das vierte Wort sprich beim Einatmen. Es heißt: *Kommen lassen* (den Atem nämlich), oder auch: *Neu werden*. Das bildet den vierten Takt.

senken. Fühle dieses Atmen und übernimm es durch tägliche Übungen in deine Alltagsverfaßtheit.

Die andere Übung: Knie auf den Boden und setze dich auf die Fersen. Nun beuge deine Stirn nach vorn bis auf die Erde. Wenn du jetzt mit beiden Händen deine Hüften faßt – Finger nach hinten –, fühlst du den Atem gehen. Es ist der Zwerchfellatem. Er muß dir wieder zur Natur werden (Weiteres in *K. Tilmann, Führung zur Meditation I*, Zürich [6]1974, S. 64 und 86–92.)

In diesem Vierertakt des Atmens, im Wiederholen dieser vier Worte und in dem inneren Weg, den sie andeuten, verharre fünf oder zehn Minuten, später auch zwanzig. Wir nennen den Vorgang «Grundübung». Mit ihr bist du kräftig auf dem Wege in deine innere Tiefe. Noch mehr: Dann kannst du dort verweilen. Der Schwerpunkt deines Ichs verlagert sich in die Tiefe, nahe dem Beckenraum in den Unterleib. Nach einiger Zeit wirst du merken, wie das Ruhe schenkt, Frische, Kraft, Erneuerung, Wärme. Noch mehr kannst du entdecken: Das wird zu einem Weg zu Gott. Er ist in deiner Tiefe. Dorthin hat er dir seinen heiligen Geist gegeben. Er wartet auf dich. Liefere dich ihm aus. Er schenkt dir das Leben, nach dem du verlangst.

# II. IM RAUM DER INNEREN TIEFE

*Anleitungen zur Glaubensmeditation*

Was wir als «Weg in die Tiefe» darstellten, ist eine *Grundübung der Versenkung*. Sie bewährt sich über lange Zeit hin und soll täglich wiederholt werden, 10, 20, 30 Minuten lang.

Wer sie geübt hat, möchte vielleicht auch mit christlichen Inhalten und Vollzügen in die Tiefe gehen. Dazu dienen die folgenden Texte. Sie sind *Anleitungen zur christlichen Glaubensmeditation*. Manche lassen sich sogar ohne vorangegangene Grundübung gebrauchen, zumal die erste.

Alle werden vollzogen im Raum der Tiefe, der durch die Grundübung stärker zum Leben erwacht ist und der durch den Nachvollzug der Texte immer wieder erreicht wird. Sie stammen aus diesem «blühenden Abgrund» und führen dorthin. Lies sie – aber nicht alle auf einmal. Sie werden dich freuen und nähren. Aber vor allem: sie wollen getan werden.

Wenn du sie vollziehst, nehmen sie dich mit in die Tiefe und beschenken dich aus den Quellgründen des Lebens. Sie geleiten dich mehr und mehr in das letzte Geheimnis, das unser Leben trägt und das sein Anfang und sein Ziel[1] ist.

---

[1] *Jede Meditation dient auch den Mitmenschen.* Sie macht uns selbstloser, offener für andere und durchlässiger für Gott und seine Absichten. Wir können uns dann tiefer und ruhiger, gelöster und liebesfähiger den anderen zuwenden. Manche Übungen lassen sich in der «Wir-Form» vollziehen, viele auch stellvertretend für die anderen.

Sie sind zugleich die einfachsten, vielleicht auch die tiefsten. Und die längsten, wenn man ihnen Lauf läßt.
Manchmal stellen sie sich von selber ein. Man kann
auch, wenn man sie kennt, mit ihnen beginnen.

*Das erste heißt: dich.* Um es recht zu sprechen, muß man
sich in tiefe Ruhe, Gelöstheit und Sammlung begeben.
Und dann einfach sagen: dich ... dich ... dich ... So
immer weiter. Allmählich erwacht und öffnet sich das
Innere und spricht immer mehr mit: dich, dich, dich ...
Vielleicht schließen sich nach einer Weile andere Worte
an und kommen mit in die Wiederholung: dich suche
ich ... dich meine ich ... dich will ich ... dich, dich,
dich. Und immer mehr kommt das Gegenüber in den
Blick, das gesucht und ersehnt, nach dem verlangt wird.
Immer mehr fällt uns ein, was zu ihm gehört, immer
größer wird es ... Vielleicht wird sich schließlich das
Wort «dich» zu dem Sätzchen erweitern: Ich liebe
dich ...

*Das zweite heißt: dir.* Wir sprechen es am besten an
einem anderen Tag. Wiederum: dir ... dir ... dir ...
Ihm schließen sich andere Worte an: dir schenke ich
mich ... dir gehöre ich ... dir stehe ich zur Verfügung ...
und andere. Wer ist der «dir», dem ich mich so öffne, so
hingebe? Der mich so anzieht, daß ich merke, wenn ich
ihm nicht ganz gehöre, bin ich nicht richtig, bin ich
unerlöst und gefangen in meiner Enge? Immer intensiver wird die Wiederholung: dir, dir, dir. Immer tiefer

sinken diese Worte, kommen immer mehr in meinen Grund ... und steigen von dort auf.

*Das dritte Gebet heißt: dein.* Wessen bin ich? dein ... dein ... dein ... Das Sprechen wird zu einer immer tieferen Vereinigung. Ich sinke immer mehr in ein tiefes Einswerden. Dein, dein, dein ... Es klingt mit: bei dir ... mit dir ... in dir ..., so bin ich dein. Oder ein anderer Zweig dieses Gebetes entfaltet sich: dein Eigentum, dein Knecht, dein Sohn, deine Tochter, dein Bettler, dein Sünder, dein, dein, dein. Oder so: dein, der du so groß bist, so heilig, so voll Erbarmen, dein, dein, dein ...

*Das vierte ist das kürzeste. Es hat nur zwei Buchstaben und heißt: du.* Aber es ist auch das umfassendste, gewaltigste, das fast unaussprechliche: du ... du ... du ... Zu wem sage ich dieses winzige Wort? Kann es die Wirklichkeit umfassen, die es meint? ... Die ich meine? ... Ich kann nur so sprechen, es wagen, so zu sprechen, weil von ihm die Bahn zu mir her schon freigelegt ist in seinem Du zu mir ... Ich wiederhole: du, du, du. Ist es sein Du zu mir? Ganz innen trifft es mich, erweckt mich, belebt mich, ermutigt mich, läßt mich hungern und dürsten nach dem großen Du, aus dem ich hervorgehe, das mich anruft, dem ich antworte ... Dann ist es wieder mein Du, von ihm in mir geformt und dann zu ihm hinüber getragen: du, du, du. Die ganze Erde, der ganze Kosmos kommt in den Blick, hinter dem der steht, den ich so hilflos, so einfach, so vertrauend anrede: du, du, du. Immer länger wird die Wiederholung, immer erfüllter. Ich verweile im Anblick dieses Du, das mich meint, bei dem ich angenommen bin.

Sind diese vier Gebete einmal in unserer Tiefe geworden, so sind sie nicht vorbei. Sie hinterlassen ihre Spuren. Sie haben uns geprägt. Wir können in sie und in die Verfaßtheit wieder eintreten, die sie gewirkt haben, über Tage hin, über Jahre, über Jahrzehnte. So werden sie zu den längsten Gebeten. Als Kinder haben wir mit ihnen begonnen, schon dort kam das Dich, das Dir, das Du in unsern Gebeten vor. Als Sterbende noch werden wir sie gebrauchen:

*dich suche ich, dir gehöre ich, dein bin ich, du, du, du.*

Diese Übung und die folgenden sollen immer wieder vollzogen werden. Sie werden nicht langweilig, wenn sie nur ganz innerlich und langsam geschehen.

## 2. WO IST GOTT?

*Die Erzählung*

Ein junger Mann fragte einen älteren, von dem er dachte, er könne wohl etwas über Gott sagen: «Wo ist Gott?» Der Gefragte antwortete: «Setze dich einmal ruhig hier hin» – und er wies auf einen Sitz – «dann will ich es dir sagen.» Erwartungsvoll setzte sich der Jüngere. Da begann der Ältere:

«Gott ist *hinter* mir, denn von ihm komme ich, und er ist mir Rückhalt und Kraft, die mich stützt. Gott ist *vor* mir, denn von ihm kommt unablässig der Strom der Gaben und Aufgaben auf mich zu, zumal in den Menschen, die mir begegnen. Und zu ihm hin bin ich immer unterwegs; auf ihn gehe ich zu.

Gott ist *unter* mir; denn er trägt mich im Dasein. Ohne ihn würde ich ins Nichts versinken.

Gott ist *über* mir; er sieht mich und lenkt mich und läßt mich den rechten Weg finden.

Gott ist *rings um mich;* denn ich komme mit meinen Fehlern zu ihm. Dann umarmt er mich wie der Vater den verlorenen Sohn und hält mich fest umfangen. Schon in den Psalmen heißt es ‹Vom Rücken und von vorn umschließest du mich›.

Gott ist *in* mir. Er gibt mir Freude und Frieden in mein Inneres, Liebe und Geduld, Vertrauen und eine große Erwartung.

Willst auch du solches erfahren, so gehe in die Stille, wo dich niemand stört, denke an Gott, der hinter dir ist und vor dir, unter dir und über dir, rings um dich und

in dir, und sprich dabei immer: ‹Mein Gott, da bin ich›;
oder: ‹Erbarme dich.› Dann wirst du bald erfahren,
was ich erfahre, und wirst nicht nur wissen, wo Gott ist,
sondern wie er da ist und was er für uns ist.»

*Meditation in leiblichem Ausdruck*

*Die Aussage dieser Geschichte können wir uns in einzelnen
Meditationen aneignen, sitzend im Zimmer, aber auch bei un-
gestörten Spaziergängen. Für viele wird es eine gute Hilfe sein,
die Aussagen zu leiblichem Ausdruck werden zu lassen, ein-
zeln, später alle zusammen. Das könnte in folgender Weise geschehen:*

Ich stehe aufrecht und ruhig da. Die Hände sind auf
die Brust gelegt, so daß die Handgelenke sich über-
kreuzen.

Nun sammle ich mich auf die erste Aussage: *Gott ist
hinter mir.* Von ihm komme ich, kommt mein Leben.
Darin verweile ich ... Er ist mein Rückhalt, wenn ich
nach seinem Auftrag lebe ... Er stärkt mir das Rück-
grat, besonders in schwierigen Lagen ... Ich lasse das
Gefühl, von hinten gesandt und gestärkt zu werden, in
mich eindringen. Von hinten, durch den Rücken, kommt
von ihm eine Lebensbewegung in mich hinein. Sie setzt
sich in leibliche Bewegungen um. Langsam, äußerst langsam, heben sich die Hände von der Brust weg, wie eine
Blüte sich öffnet. Mehr und mehr strecken sich die Arme.
*Gott ist vor mir.* Ihm strecken sich die Arme entgegen.
Bereitschaft, Verlangen ist in dieser Haltung. «Nach Dir
dürstet meine Seele» (Ps 63, 2). Das Ausstrecken der
Arme, die Bewegung und Haltung des Leibes lasse ich
zum inneren Vollzug werden. Dieser durchlebt wieder-

um die Haltung des Leibes. Gott ist vor mir ... Auf ihn geht mein Leben zu. Er erwartet mich ...

Von ihm kommt der *Strom der Gaben* ... Vielerlei Dinge ... und die Menschen, die mir gut sind ... Die Arme gehen dabei langsam nach außen, nach rechts und links, die Hände sind geöffnet zum Empfangen ... Von ihm kommt der *Strom der Aufgaben*. Ich stehe unbeweglich. Die Hände sind geöffnet zum Zufassen, nach seinen Absichten. Der innere Blick geht dabei leicht, ohne zu sehr ins einzelne zu gehen, auf die Menschen, die mir aufgegeben sind, in denen mir Gottes Wille begegnet; auf die Belastungen, die Forderungen des Tages ...

Während ich so stehe, weiß ich: *Gott ist unter mir*. Er trägt mich im Dasein. Er trägt meinen Leib. Er trägt meine Bereitschaft und all mein Tun. Indem ich mich dieser Wirklichkeit überlasse, sinken die Arme und hängen kraftlos hinab. Sie tun nichts. – Ich fühle nach den Füßen. Dort empfinde ich in den Sohlen den Druck des lastenden Körpers ... Ich bin getragen von Gott unter mir. Diese Wahrheit lasse ich in mich eindringen.

*Gott ist über mir.* «Zu Dir erheb ich meine Seele» (Ps 25, 1). «Empor die Herzen.» «Vater unser im Himmel.» Langsam bewegen sich die Arme in eine schräge, nach vorn und oben weisende Haltung. Darin geschieht die innere Hingabe an seine Führung. Ihr übergebe ich mich. Er möge meine Handgelenke umfassen und mich in allem leiten ... «Du bist vertraut mit all meinen Wegen» (Ps 139, 3) ... Während ich in dieser Stellung verharre, sinkt die Haltung der Hingabe ... des Vertrauens ... des Eingehens in seine Führung immer tiefer in mich.

*Gott ist rings um mich.* Das Wort steigt auf: «Vom Rükken und von vorn hast Du mich umfangen» (Ps 139, 5);

und das Bild vom barmherzigen Vater, der den verlorenen Sohn, so wie er vor ihm steht, in seine Arme schließt ... Dieser Sohn bin ich jetzt ... Langsam beginnt eine Bewegung der Arme. Die Hände nähern sich mehr und mehr der Brust, bis sie wieder – die Handgelenke kreuzen sich – auf der Brust aufliegen. In der Berührung von Handflächen und Brust stellt sich ein Stück seiner Umarmung dar ... Bald aber geht sie weiter, umfaßt mich bis auf den Rücken ... In ihr verweile ich ... In ihr erfahre ich seine väterliche Liebe, die mich umfängt und nie losläßt ... Das tiefe Glück letzter Geborgenheit stellt sich ein, Ruhe, Friede.

*Gott ist in mir.* Der Friede ist in mir. Ich fühle nach innen. Ich nehme ihn innerlich wahr ... Die inneren Lebensquellen beginnen zu sprudeln. Die «Ströme lebendigen Wassers» (Joh 7, 38) ... Die Handflächen weisen schon nach innen, wohin der geistige Blick geht ... Nun sinken die Hände langsam am Körper hinab, über die Gürtellinie, bis zum Unterleib, zum Ort der Tiefenmitte (Hara). Von der Tiefe her tritt das Christusgeheimnis in mein Leben ein. Dort wohnt und wirkt sein Geist. In meiner Tiefe ist das Geheimnis Gottes. Hier ist innigste Nähe ... Seiner heiligen Gegenwart in mir gebe ich Raum, lasse sie mächtig werden, mich durchdringen. In ihrem Strahlen verweile ich ...

Zum Abschluß lösen sich die Hände vom Leib, heben sich, bewegen sich aufeinander zu und legen sich langsam aneinander zur Geste des Gebetes, der Ehrfrucht, der Anbetung. Ich lasse in mir geschehen, was sie ausdrücken ... Dann bin ich ganz mit Gott vereint. Ich verneige mich vor ihm und verweile. Dann richte ich mich auf – und gehe an das, was zu tun ist.

## 3. DAS KREUZZEICHEN

*Wir haben das Kreuzzeichen schon oft gemacht. Nun soll es
meditiert werden, seinen Sinn neu eröffnen und seine Tiefe. Es
soll ganz in uns eingehen.*

Ich bin zur Meditation bereit. – Ich sitze – die Füße
sind überkreuzt – die Hände liegen gelöst in meinem
Schoß, ihr Inneres nach oben geöffnet. Ich atme ruhig:
Aus – Pause – ein; aus – Pause – ein.
Ich will das Kreuzzeichen meditieren. – Ich habe es oft
gemacht, oft die Worte gesprochen – aber oft oberfläch-
lich oder gedankenlos. – Ich will das Kreuzzeichen meditieren; ich will das Zeichen des Heiles, das Zeichen der
Liebe, das Zeichen der Erlösung auf meinen Leib zeichnen – auf mich – in mich hinein – bis in mein Innerstes. –
Dabei will ich den dreifachen Namen Gottes auf meinen
Leib zeichnen – in mich hineinzeichnen. – Wie soll ich
das tun?
Ich suche die rechte Stelle auf meinem Leibe für Gott,
den Vater. – Die höchste und edelste Stelle muß es sein.
– Das ist mein Haupt. – Das Edelste dort ist das Gesicht – und dort das Edelste ist die Stirn. – Der Kuß der
Ehrfurcht wird auf die Stirn geschenkt. – Die Stirn ist
mein höchster Teil. – Sie ist der Ort an meinem Leib, der
am meisten des Vaters würdig ist. –
Meine innere Aufmerksamkeit geht zur Stirn, fühlt dort
hin. Dort ist der Ort für den Vater. – Auch meine Hand
soll mitsprechen. Ich hebe sie, berühre die Stirn und
verweile so ein wenig. – Ich sage innerlich: «Im Namen
des Vaters.» – Die Hand senkt sich in den Schoß. –

Vom Vater geht eine Linie senkrecht hinab – bis in meine Mitte – am Ende des Brustbeins – wohin ich deute, wenn ich sage: «ich» oder «wir». Dorthin führt die Linie, bis in mein geistiges Herz.

Ich will sie fühlen. Ich sammle mich innerlich in meiner Stirn. Mein ganzes Wesen sammelt sich dorthin. Ich verweile dort. – Nun lasse ich die Linie langsam hinabgehen, von der Stirn im Inneren des Leibes bis in die Mitte. Sie durchbohrt mich, durch nichts gehindert – wie ein Strahl, nur fester, bleibender.

Meine Hand soll mitsprechen. Ich hebe sie, berühre meine Stirn und führe sie langsam von oben hinab. Schließlich berühre ich meine Mitte. In dieser Haltung verweile ich. Die Linie steht in mir, innen und außen. – Dann sinkt die Hand wieder in den Schoß.

Diese Linie ist die Linie der Menschwerdung. – Nichts konnte dieses göttliche Werk verhindern. – Vom Vater in die Welt, dorthin kam der Sohn. – Er wohnte mitten unter uns – in unserer Mitte. – Meine Mitte ist die schönste Stelle, um bei der Berührung den Sohn zu nennen. Meine Mitte soll sein Ort sein – meine Mitte soll ihm gehören. – Ich hebe nochmals die Hand – ich rühre die Mitte an und spreche: sie ist des Sohnes. – In dieser meiner Mitte soll der Sohn anwesend sein. *(Lange Pause)* –

Nun suche ich an meinem Körper einen Ort für den Heiligen Geist. – Er trug Christi Gegenwart und Wirken in die weite Welt – zu den Völkern. – Er tat sich zu Pfingsten in vielen Sprachen kund – er drang in die Weite – er schuf Einheit in der Weite. – Durch ihn wirkt Christus überall – und eint, was auseinanderzufallen droht. –

Wo ist die größte Breite meines Körpers? – An den Schultern. – Der Heilige Geist ist nicht an einer Stelle – er ist in der ganzen, weiten Welt. – Er faßt alle zusammen, die ihn annehmen, vom Aufgang der Sonne bis zum Untergang. – Die Linie von der linken Schulter bis zur rechten drückt es aus. – Ich fühle zur linken Schulter – fühle die rechte – dann lasse ich eine Linie von der linken zur rechten Schulter durch meinen Körper langsam und kräftig hindurchwandern. In dieser Linie verweile ich.

Die Linie bedeutet das Wirken des Heiligen Geistes, das quer durch die ganze Welt geht – durch die ganze glaubende Menschheit – durch mich.

Die Hand zeichnet die Linie nach. Ich hebe sie zur linken Schulter – dann fahre ich über die ganze Breite der Brust bis zur rechten und weiß: meine Breite bedeutet die weite Welt. – In dieser vollbrachten Bewegung verweile ich. – Dann lasse ich die Hand sinken.

Ich habe das Heilswerk Gottes auf mich gezeichnet – in mich eingetragen – in mich hineingenommen. – Den Ausgang, den anbetungswürdigen Vater, als ich die Stirn berührte. – Die Liebe, mit der er den Sohn hingab, als ich die Linie nach unten zog. – Das Weilen Christi in unserer Mitte, auch sein Leben und Sterben, als ich die Brust berührte. – Die Sendung des Heiligen Geistes, sein Wirken in der ganzen Welt, als ich meine Hand von Schulter zu Schulter führte. –

Zwei Linien habe ich gezeichnet: die von oben nach unten und die von links nach rechts. – Daraus ist ein Kreuz geworden. – Das Zeichen meines Heiles – das Zeichen, in dem ich erlöst bin – das Zeichen der Liebe – das Zeichen, von dem alles heilige Leben ausgeht. –

Das Kreuzzeichen bezeichnet mich und prägt mich. – Das Kreuzzeichen ist in mich eingedrungen. – Das Kreuzzeichen bleibe in mir und wirke in mir. – Ich öffne die Augen wieder ganz – atme tief ein – bewege die Hände. – Gelobt sei Gott der Herr. – Amen.

Die kleinste Übung heißt «Danke». Wenn du innerlich in Ruhe und Sammlung bist, im Sitzen oder Spazierengehen, schau dir alles Gute an, was du hast und bist und was auf dich zukommt und sag immer: «Danke». Das Wort führt in eine unermeßliche Fülle.

Das Ich des modernen Menschen ist in den Kopf gerutscht. Die Wirkung wird durch eine Geschichte deutlich. Ein Käfer begegnete einem Tausendfuß, staunte ihn an und fragte ihn: «Wie weißt du, wann du den dreiundzwanzigsten Fuß auf die Erde setzen und den sechsundachtzigsten hochheben sollst?» Der Tausendfuß dachte darüber nach, wollte es mit dem Kopf begreifen und – konnte nicht mehr gehen.

Der Tag hat begonnen. Du bist aufgestanden und durch Gymnastik und tiefes Atmen erfrischt, bist gewaschen und angekleidet. Nun willst du mit dem lebendigen Christus in neuen Kontakt kommen. Der Leib soll dabei das innere Geschehen ausdrücken und zugleich durch Gesten in das Innere hineinwirken und dich verwandeln. Du bist vielleicht nicht daheim, hast kein religiöses Zeichen im Zimmer. Wie soll das Ganze geschehen?

Stelle dich mit dem Gesicht nach Osten, der aufgehenden Sonne entgegen. So waren alle alten Kirchen ausgerichtet, waren geostet, weil die leuchtend aufsteigende Sonne als das große Sinnbild des auferstandenen Christus gesehen wurde. Richte mit dem Gesicht auch den inneren Blick dorthin und laß nun den Körper in langsame Bewegung kommen, ihm, deinem Herrn, entgegen.

Vielleicht erheben sich zunächst, ganz langsam, die Arme zu ihm. Es wird ein sehnsüchtiges Sich-Ausstrecken daraus. Darin verharre ... Dann gehen sie auseinander und sprechen deine volle Offenheit für ihn und das Verlangen nach ihm aus, das ihn ganz aufnehmen möchte ...

Doch ist sein Glanz übergroß. Die Arme sinken, der Kopf neigt sich, das eine Knie geht zu Boden und dann das andere. Du kniest, sinkst ganz hinab in demütiger Verneigung, die Hände berühren den Boden, danach die Stirn. Du läßt die Haltung in dich hineinwirken, empfängst sie tief und drückst zugleich dein ganzes

Innere in ihr aus. Du verschmilzest mit ihr. So verharrst du ... Bis dich etwas von ihm trifft wie das Wort: «Komm, steh auf!» Langsam löst du dich, richtest dich auf, stehst auf ... Nun stehst du ...

Die Arme erheben sich zur Seite, voll Bereitschaft. Aber wo werden die Aufgaben des Tages sein? Rechts und links bei den Menschen neben dir. So wendest du dich langsam weit nach links – weit nach rechts. Es ist ein Bekenntnis, nach seinem Willen für die Brüder da zu sein ...
Doch du kannst es nicht ohne ihn. Die Hände bewegen sich langsam zur Brust hin, die Finger verschränken sich innig. So willst du mit ihm vereint in den Tag gehen ...
Aber ist er nicht in dir? Kommt nicht aus deinem Inneren sein Licht? Die Hände lösen sich und legen sich mit gekreuzten Handgelenken auf deine Brust. Die inneren Handflächen wollen vom Licht Christi empfangen, von seiner Liebe durchseelt sein. In dieser Haltung, im Empfangen dieser Strahlung verharrst du ...
Schließlich heben sich die Hände ab und legen sich ehrfürchtig aneinander. Du stehst eine Weile in Bereitschaft ...
Dann neigt sich der Oberkörper, immer tiefer und tiefer bis zum Äußersten. Hingabe, Dank, Verehrung, Anbetung ist darin. Dann richtest du dich auf, machst gesammelt das Kreuzzeichen und gehst in den Tag.

Ein andermal werden Bewegungen und Reihenfolge anders. Du läßt kommen, was zum Leben drängt und sich ausdrücken will.

Vielleicht bilden die Hände eine Schale, die Kanten sind aneinander gelegt, die Handflächen werden hohl, empfangend hältst du sie ihm hin ...

Vielleicht breiten sich die Arme nach links und rechts, die Hände sind nach oben offen, bereit zum Empfang für alles, was von den Menschen neben dir auf dich zukommen wird, Gaben – Aufgaben ...

Vielleicht schwingt, dem Mähenden gleich, dein Oberkörper mit Armen und Händen hin und her, hin und her. Es wird zum Zeichen deiner Sorge um alles, was heute auf dich zukommt, für das du da sein mußt – und willst; die Bewegungen drücken es aus ...

Dann schreitet das rechte Bein weit nach vorn aus, und du bleibst in dieser Haltung: Bereitschaft ... Du beugst dich weit nach hinten – was wird daraus? Tu es, laß es kommen. Vielleicht der Schrei der gequälten Kreatur, den du aufnimmst und zu ihm trägst ...

Doch nicht wollen, nicht planen, nicht nachmachen. Stehen, warten, gesammelt sein, vor ihm sein, bei ihm sein, kommen lassen. Heute dies, morgen das. Aber ganz gelöst bei sich sein, damit innerlich etwas kommen kann. Ganz im Leibe sein, damit sich das Innere im Leibe ausdrücken kann. Ganz empfänglich sein, um den leiblichen Ausdruck in das Innerste wirken zu lassen.

Ich sitze. Es ist still. Die tickende Uhr ist in den Schrank gestellt. Um mich ist es ganz still. Der Boden, auf dem mein Sitz steht, ist still ... Die Wände – ich lausche, nichts ist von ihnen zu hören. Die Möbel – ich höre ihre Stille. Die Bilder an der Wand – sie sind still. Alles im Zimmer ist still, ich höre es.

Nichts bewegt sich. Die Wände sind regungslos ... auch der Boden, ich sehe es ... der Teppich ... mein Sitz ... der Schrank ... das Bett. Alles steht ohne Bewegung. Auch ich bin still ... kein Geräusch geht von mir aus. Ich höre meine Stille ...

Ich bin bewegungslos. Hände, Arme, Beine, der ganze Körper ist regungslos ... losgelassen ... in Ruhe ...

Nur der Atem geht, ein und aus. Geräuschlos, still ... Das Herz schlägt ... geräuschlos, still ...

Alles um mich ist still und schweigt. Mein Leib schweigt. Alle seine inneren Bewegungen verlaufen still, das Strömen des Blutes, der Kreislauf, die Arbeit der Organe, die Neubildung der Zellen ... alles geschieht in tiefstem Schweigen ...

Ich bin innerlich ganz losgelassen ... Ich sinke hinab in die Tiefe meines inneren Schweigens... «Komm in mein Schweigen», so kommt es von dir. Nur in der Tiefe des Schweigens ist dein wortloses Reden zu vernehmen ... Wie ein Schwamm ins Wasser sinkt, so sinke ich in dein Schweigen... Es nimmt mich auf ... Es dringt in mich ein... es durchdringt mich... es läßt mich Anteil nehmen. Ich verharre im Schweigen dieses Zimmers... meines Leibes ... meines Inneren ... ich bin in deinem Schweigen.

# 6. MEDITATION DES HERZSCHLAGES

*Körperhaltung:* In Meditationshaltung, im Sessel sitzend oder liegend im Bett.

*Ausgang:* Ruhiges, geduldiges Hinhören auf den Herzschlag, Fühlen, Wahrnehmen.

*Tiefer:* Das Herz schlägt in mir, ohne mich ... Ein ständiges, zuverlässiges Geschehen, zu dem ich nichts tue ... aber mein ganzes Leben hängt an diesem Geschehen ... Was alles? Sehen, Hören, Atmen, Essen, Verdauen, Mich-Bewegen, Zugreifen, Nachdenken, Mich-Entscheiden ... Alles, was ich bin, tue und lebe, hängt an diesem einen. All das nehme ich mit meinem Fühlen wahr ... – Vergleich: Wie in einer kleinen Stadt alles Leuchten, Wärmen, Laufen der elektrischen Geräte vielleicht an einem einzigen Kabel hängt.

*Eindringen:* Ich fühle den Herzschlag. Ich fühle, daß er ohne mein Zutun geschieht ... Ich fühle: Geschenk ... Überwältigend: dieses Geschehen, jeder Schlag, jeden Augenblick: Geschenk ...

*Bekenntnis der Wahrheit:* Es drängt sich das Verlangen auf, diese Wahrheit zu bekennen. Der Satz formt sich: «Jeder Schlag von dir.» Ich wiederhole ... oftmals ... Jeder Satz wird zum Bekenntnis ... und Dank ...

*Mit dem Rhythmus des Herzschlages:* Das Sprechen paßt sich dem Vorgang des Herzschlages an. Die erste, dritte und fünfte Silbe spreche ich beim ersten, zweiten und dritten Schlag des Herzens. Während des vierten ist Pause: *Jeder Schlag* von *dir* ...

*Einswerden:* Bekenntnis und leibliches Geschehen werden Einheit. Jede Wiederholung ist vom Herzschlag begleitet, der gleichsam Bekenntnis und Vorweisen der Tatsache beim Sprechen ist. «Jeder Schlag von dir» ... Die Worte sprechen nur aus, was als Tatsache geschieht ...

*Erfahrung totaler Beschenkung:* Im leiblichen Geschehen und seinem unbegreiflichen Lebensgeheimnis tut sich das letzte Geheimnis und sein Schenken kund ... Durch diese eine Stelle in mir fließt sein Schenken in mein ganzes Wesen und Leben, das in jedem Augenblick von diesem Herzschlag lebt ... Ich erfahre mein ganzes Lebendigsein, mein Leben als ständiges Gewirktwerden, Geschenktwerden ... Ich erfahre sein Schenken in diesem geheimnisvollen Geschehen ..., erfahre darin Ihn.

*Immer tiefer wird das dankbare Bekennen:* Je mehr ich, den Herzschlag wahrnehmend, den Satz wiederhole und Ihn als mächtige Realität erfahre, von der her alles lebt, ohne daß ich etwas dazu tue, auch nur tun kann, um so tiefer wird die Erfahrung: beschenkt, ständig, in allen Lebensvorgängen, in allem, was in mir geschieht ...
Ich lebe aus dieser unfaßlichen, geheimnisvollen Quelle, dieser Güte, diesem Wohlwollen, diesem Mitteilen, diesem Beschenktwerden ... Bis in den Grund durchdringt mich diese überwältigende Erfahrung ...

*Zwei Leitsätze:*
Die Natur ohne Gott sehen ist eine Abstraktion, die zu einer umfassenden Lebenslüge werden kann.

Dankbarkeit ist der Himmel.

# 7. «ICH LASSE MICH EINFACH FALLEN IN DEIN TUN»

Erst sich den Satz merken. – Dann die Meditationshaltung einnehmen und den Satz langsam sagen, so daß jedes Wort sein Schwergewicht bekommt. – Dann ihn oftmals wiederholen, dabei immer langsamer werden. – Schließlich die Wortgruppen des Satzes in solcher Weise langsam sprechen. Jede oftmals wiederholen und sie dabei ganz innerlich vollziehen:

> Ich lasse mich ...
> einfach fallen ...
> fallen ...
> fallen in Dein Tun ...
> in Dein Tun ...
> Ich lasse mich in Dein Tun ...
> einfach fallen ...
> fallen ...
> in Dein Tun ...

Keine Meditation abreißen. Langsam ins Tagesbewußtsein übergehen.

## 8. ICH HABE MICH
## SCHLAFEN GELEGT

Sich zum nächtlichen Schlaf legen ist ein Urgeschehen. Jeden Tag wiederholt es sich. Es ist nicht nur ein physischer Vorgang, sondern voll Sinngehalt und offen für die Tiefe. Was zu ihm gehört, kann Zeichen werden für unser Verhältnis zu Gott. Hier sind einige Hilfen:
Die Kleidung des Tages ist abgelegt. Was zum Ende des Tages gehört, ist hinter mir. Ich habe mich ins Bett gelegt. Ich liege.

1. *Ich bin getragen.* Ich fühle es. Ich brauche nichts zu tun, ich kann mich ganz loslassen ... Das Bett trägt mich ... Hinter diesem Tragen steht deine große Wirklichkeit. Du trägst das Bett; du trägst mich durch das Bett ... Du trägst mich, daß ich da bin ...

2. *Ich bin zugedeckt.* Die Decke hält mich warm. Vom Zimmer, von der Decke bin ich behütet. Durch all das hindurch erfahre ich dein Schützen und Hüten ... von dir geht die letzte Geborgenheit aus. Darin bin ich zu Hause ...

3. *Ich schließe die Augen.* Ich brauche nichts mehr zu sehen, nichts zu tun oder wahrzunehmen. Ich kann aufhören ... Ich vertraue mich mit allem, was ich bin, dem Bett an, der Decke, dem Zimmer, der Stille, dem Schlaf, dir. Alles vertraue ich dir an ...

4. *Ich lasse alles los.* Nirgendwo halte ich mich. Auch innerlich nicht. Ich lasse mich ganz in dich hinein ...

5. *Ich atme.* Der Atem lebt weiter. Er ist mir zum Sinnbild geworden. Ich atme ein, dich ein, deinen Geist, deine Liebe ... Immer beschenkst du mich ... mit dir

... Ich atme aus. Ich atme mich aus ... zu dir. Im Ausatmen geschieht meine Hingabe an dich ...
Alles, was jetzt geschieht, wird durchsichtig für dich;
ist Ausdruck meines Lebens mit dir. Diese Wirklichkeit durchdringt alles, was ich jetzt erfahre. Diesem Erfahren gebe ich mich hin und schlummere ein in dir.

Im Walde sitzen, schauen, lauschen, schweigen,
das Geheimnis wahrnehmen und es an sich sprechen lassen.

Kleine Übung: In allem Guten das Durchleuchten
Gottes wahrnehmen.

Wir können Gott mit dem vertrauten Wort «Vater» anreden. Wir können uns von Christus, dem Herrn, zu ihm hinübertragen lassen und bei ihm Geborgenheit finden. Wir können ihn aber auch als das unbegreifliche und unermeßliche Geheimnis vor den Blick bekommen. Da ist Gott zugleich der Nächste und der Unerreichbarste, der Innerste und der Fernste, der Einfachste und der Unbegreiflichste, der Richtende und der Vergebende, der Selbstverständlichste und der Unbekannteste, der innerlich Vertrauteste und der ganz Andere, der Eine und der Allumfassende. Da wird Gott als der Unsagbare erfahren, den Menschen aber kann eine Sprachlosigkeit befallen. Es ist gut, Gott immer wieder als dem unbegreiflichen Geheimnis zu begegnen. Welchen Ausdruck aber soll das finden?

Es bietet sich dafür ein Meditationswort an, das jenseits aller Logik ist und für uns zunächst nur einen Klang bedeutet. Es heißt OM. Wird es langsam und immer wiederholend gesungen oder gesprochen, so führt uns sein voller, tiefer und innerlicher Klang in Sammlung und Tiefe. O ist ferner bei uns ein Ausdruck der Ergriffenheit. Das gesummte M ist ein Laut des Schweigens, der Ton, der ohne Vokal ist, der Konsonant, bei dem sich der geschlossene und entspannte Mund nicht verändert, sondern in Ruhe bleibt. So ist diese Silbe, fern von allem logischen Denken, vom Klang wie von ihrer Andersartigkeit her für unsern Zweck ideal.

Aber sie enthält noch mehr. Sie bedeutet dem Inder ein

Letztes. «OM ist alles, Name und Symbol von Gott.» «Mit OM verbunden zu sein bedeutet eins zu werden mit dem von ihm Symbolisierten», schreibt ein indischer Meister. OM ist das wohl am meisten gebrauchte Meditationswort der Welt.

Auch für uns könnte es Sinnbild für das unerforschliche und unergründliche letzte Geheimnis werden. Es verbindet uns aber, wenn wir es gebrauchen, nicht nur mit ihm, sondern gleichzeitig mit den zahllosen Brüdern und Schwestern, die im vierten Hochgebet genannt sind, mit jenen, die das Evangelium noch nicht gehört haben, aber «mit lauterem Herzen dich suchen». Vom Klang her wie als Symbol kann es uns Weggeleit werden zur geheimnisvollen Unbegreiflichkeit Gottes und uns zugleich einüben in die rechte Ehrfurchtshaltung vor ihm.

*Zur Übung:* Sitzen, ruhig werden, den Atem strömen lassen. Dann mit tiefer Stimme sehr langsam «OM» sprechen oder singen, immer im Rhythmus des Atems. Erst nur die Silbe erklingen lassen, dann darin im Geheimnis Gottes gegenwärtig werden.

Manches kann als «Färbung» hineinkommen: Bewunderung, Dank, Hingabe, Liebe ... Auch was die Gotteslitanei sagt (S. 59), kann hier aufsteigen.

In der folgenden Übung benutzen wir ein menschliches und christliches *Urwort.* Jesus hat es gebraucht (Mk 14, 36). Auch die Christen gebrauchen es (Röm 8, 15; Gal 4, 6), sicher in der Form «Vater unser». «Abba» ist das lallende Wort des Kleinkindes zu seinem Vater. «Vater» spricht der Reifgewordene.

Jeder kann dieses Wort wiederholend sprechen und sich so tiefer und tiefer in ein lebendiges Gottesverhältnis hineinleben, wenn er nur aus dem Innersten zu Gott ruft. Es öffnet aber auch den Weg in *abgründige christliche Tiefen.* Diese Übung kann uns *bis zum Ende des Lebens* begleiten; wir werden ihrer nicht müde werden, sondern immer Reicheres und Tieferes aus ihrer Fülle empfangen. Sie belebt alles: unser Beten, die Eucharistiefeier, jeden Bruderdienst.

Wer die Übung benützen will, suche zunächst (mit Hilfe von Haltung und Atmung) in Gelöstheit, Ruhe und Stille zu gelangen. Nach einiger Zeit beginnt er mit dem biblischen Urwort und wiederholt es in langsamem Rhythmus «Abba, Vater». Dabei wird sich manches entwickeln ...

Es wird Anrede. Wer es gebraucht, redet den lebendigen Gott an, den Jesus seinen und unsern Vater nannte (Joh 20, 17); Vertrauen kann in den Worten erwachen, Offenheit, Hingabe und anderes ... Er weiß sich gesehen ... beschenkt ... gerufen ... erwartet ... beauftragt ... geliebt und umfangen ... So strömt manches in den Vorgang, was wir glaubend wissen und was jetzt lebendig wird ... Je tiefer wir kommen, um so elementarer wird der Ruf, er wird Wesensverwirklichung, schafft Heil ... Wir können dabei bis in absolute Kindesgeborgenheit und dem Vollzug nach in ein ruhiges Verweilen vor seinem Angesichte kommen. –

Bei späteren Übungen kann sich eine *zweite Stufe* entwickeln. Dafür brauchen wir zwei Schriftworte. Das eine heißt: «Der Geist selber tritt für uns ein mit unaussprechlichen Seufzern» (Röm 8, 26). Das andere ist deutlicher: «Gott sandte den Geist seines Sohnes in unsere Herzen, der da ruft ‹Abba, Vater›» (Gal 4, 6). – Es gibt also ein reales Geschehen in uns, das wir nicht selber machen, sondern das in uns geschieht, das aber in uns mächtig werden soll, in das wir hineinkommen sollen. Darauf weist eine andere Schriftstelle hin: «Ihr habt den Geist der Kindschaft empfangen, in dem wir rufen ‹Abba, Vater›» (Röm 8, 15). Das Rufen des Geistes in uns und unser Rufen sollen also eins werden. So bezeugt «ebendieser Geist unserem Geist, daß wir Kinder Gottes sind» (Röm 8, 16). Das hat Paulus erfahren, und offenbar rechnet er damit, daß es auch von den Christen in Rom, die er nie gesehen hatte, erfahren worden ist.

In unserm weiteren *Üben* lassen wir uns also so weit los und sinken, daß unser Tiefstes von diesem Vorgang angerührt und ergriffen wird, daß er in uns eingeht, wir mit ihm eins werden, nicht gedanklich, sondern im Geschehenlassen. So weist uns der Glaube den Weg, ermutigt uns, verheißt uns, daß wir nicht ins Leere fallen; daß eine größere und heiligere Macht, als wir sie sind, in uns ruft: «Abba, Vater». Immer stiller, tiefer und regungsloser wird es. Wir lassen mehr und mehr das Größere geschehen vor dem Antlitz unseres Vaters. Es erweckt und vollzieht in uns die wahre Kindesgesinnung, das reifende Sich-Aussprechen und Gegenwärtig-Werden vor dem Vater. Darin kann erwachen und sich vollziehen Gehorsam, Hingabe, Liebe, Staunen, Danken und anderes. Doch ist es nicht nennbar oder gar rational kontrollierbar; es sind die «unaussprechlichen Seufzer». Anfangenden ist der Vorgang noch nicht zugänglich.

Auf der *dritten Stufe* lassen wir eine *weitere Glaubensaussage* in den Vorgang hinein. Wir wissen, daß es der Geist seines Sohnes (Gal 4, 6) ist, der in uns ruft. Dieser Geist ist die Weise, in der der Sohn in uns ist. «Der Herr [also Christus] ist das Pneuma [das erfahren wird]», heißt es im 2 Kor 3, 17. Das öffnet eine nochmals größere Tiefe. In diesem Geist und seinem Rufen ist also Christus gegenwärtig, es ist sein Existenzakt. Es ist sein Leben auf den Vater hin.

Indem wir vollziehen, üben, «Abba, Vater» sprechen, besser vielleicht: indem wir es als wiederholendes Wort in uns geschehen lassen, *kommen wir in den Lebensvollzug Christi.* Wir sind in einem *dritten Tiefenbereich.* Dort kommen uns Worte seines Lebensvollzuges in den Sinn, die wir aus den Evangelien kennen. Sein nächtliches Beten, in dem er sicher oft «Abba, Vater» wiederholte... Seine ständige Lebensverbindung mit dem Vater in Gehorsam, der seine Speise war («Meine Speise ist es, den Willen dessen zu tun, der mich gesandt hat», Joh 4, 34), und in Liebe. Der Gehorsam in seinen Wanderungen, Entscheidungen, Weckrufen, Predigten, Heilungen... Seine Worte des Einsseins mit dem Vater (Joh 5, 19). Die Ganzheit seines Lebensstromes, der Gehorsam und Liebe war, drückt sich aus in diesem Ruf «Abba, Vater»; ausdrücklich am Ölberg und am Kreuz. All das ist irgendwie in uns gegenwärtig, während wir ständig wiederholen: «Abba, Vater.»

Dieses kraftvolle, ungestörte, liebende, wie ein Strom sich ergießende «Abba, Vater» lasse ich in mich hinein ... Ich gebe mich darin auf ... lasse es zu meinem Leben werden. – Sonor, kräftig, uneingeschränkt, innig erklingt es – genug der Worte; im Vollzug kommt die Wirklichkeit hervor, sie steigt in mir und durch mich auf ... Darin drücken sich aus: Lobpreis, Kindlichkeit, Vertrauen, Hingabe, Überwältigtwerden ... All das im verborgensten inneren Vollzug. Jeder wird ihn anders erfahren.

Der Vorgang wird, wenn der Übende dafür reif genug ist, *empfangendes Tun.* Innerstes Geschehenlassen und Darin-beteiligt-Sein. Wir versinken in diesen Lebensvollzug des Erhöhten, den er durch seinen Geist in uns geschehen läßt. Wir lassen ihn geschehen, werden davon ergriffen, erfüllt, überwältigt. Es ist das Untergehen in einem größeren Leben, das uns über uns hinaushebt. Ein Ausharren in einem göttlichen Geschehen, das uns zugleich in unangeahnter Weise zu uns selbst kommen läßt und in ihm sein läßt. Es kann bis zur Liebe werden, die in Gott hineinstirbt und für andere stirbt.

## 11. DER ABSCHLUSS DES HOCHGEBETES

*Das Hochgebet der Eucharistiefeier endet in einer Formel, die eine Grundordnung christlichen Betens darstellt. Sie ist auf der linken Seite wiedergegeben. Die Worte stehen uns leicht zur Verfügung, weil wir sie von der Eucharistiefeier her kennen. Die Ausdeutung ergibt sich aus dem Heilswerk Gottes. Seiner Ordnung schließen wir uns im Beten an.*

| | |
|---|---|
| Durch Christus | Er ist unser Mittler nach dem neutestamentlichen Wort: «Es gibt nur einen Gott und einen Mittler zwischen Gott und den Menschen, den Menschen Jesus Christus» (1 Tim 2, 5). |
| mit ihm | Wir lassen ihn nicht allein die Ehre darbringen, sondern beten gemeinsam mit ihm, unserm Vorbeter und Hohenpriester. |
| und in ihm | Nicht *neben* ihm beten wir, sondern *in* ihm nach seinem Wort: «... der bleibt in mir und ich in ihm» (Joh 6, 56). |
| sei dir Gott, allmächtiger Vater | Den allumfassenden Gott sprechen wir wie Jesus als unsern Vater an nach seinem Wort: «Ich fahre auf zu meinem Vater und eurem Vater, zu meinem Gott und eurem Gott» (Joh 20, 17). |

| | |
|---|---|
| in der Einheit des Heiligen Geistes | Der Geist Gottes schafft Einheit zwischen Gott und uns; er eint uns mit Christus und untereinander. In dieser Einheit beten wir. |
| alle Ehre und Verherrlichung | Das zu vollziehen, Gott die Ehre zu geben und ihm mit all unserm Tun zu verherrlichen, ist unser letzter Daseinssinn. |

*Zum Gebrauch*

*Ähnlich wie die «Vier kürzesten Gebete» (S. 14) werden die einzelnen Worte der linken Spalte oft gesprochen und wiederholt. Wie sie sich füllen können, deuten die Worte auf der rechten Seite an.*

*Mancher wird beim Gebrauch vielleicht lieber in anderer Reihenfolge vorgehen. Das kann von unten nach oben geschehen ... Oder er empfindet den folgenden Ablauf zunächst als richtiger: Alle Ehre und Verherrlichung – dir allmächtiger Vater – in der Einheit des Heiligen Geistes – durch Christus – mit ihm – und in ihm.*

Eine gute Regel für den Weg: Vollzogene Meditationen wieder und wieder vollziehen.

## *1. Zum Bild*

Aus den Linien, die zunächst hervortreten, wird nach einigem Verweilen die Gestalt des thronenden Christus deutlich. Sie ist Kernpunkt der christlichen Meditation. Christus ist nicht mehr auf Erden, er hängt nicht am Kreuz, sondern ist auferstanden und in die Herrlichkeit Gottes entrückt, bereit zur Wiederkunft. Christ ist der Mensch, der diesen Christus zum Herrn hat.

Wer länger vor dieser Darstellung verweilt, die Christus meint, dem «alle Gewalt gegeben ist im Himmel und auf Erden», der Herr und Ende aller Geschichte ist, dem treten einige Aussagen hervor.

a) Die Gestalt ist äußerst vereinfacht. Dadurch kann der geistige Blick leicht in die durch das Bild gemeinte Wirklichkeit vordringen ... Die Gestalt offenbart einerseits Klarheit, Ruhe und Majestät; alles Einzelne, selbst im Bereich von Kopf und Gesicht, ist für diese Aussage zurückgenommen. Anderseits ist sie bewegt und voll Leben; sogar die Symmetrie ist weitgehend aufgegeben. So sagt die Darstellung etwas Tiefes und Starkes über Christus den Herrn aus.

b) Die Hände sind nicht wie die Füße ausgelassen. Sie umfassen etwas. Es bleibt offen, wie sich dieses Etwas dem Meditierenden füllt: Die Welt, die Kirche, uns, mich ... Das Bild sagt: Ich ... wir ... in seinen Händen, den Händen dieses Starken und Liebenden ...

c) Er hält uns in seiner Mitte, seiner Tiefenmitte, seinem Eigentlichsten. Wir kennen diesen Leibespunkt aus unsern Versenkungsübungen. Das Bild sagt nicht nur: Ich ... wir ... in seinen Händen, sondern mehr: in seiner persönlichsten Tiefe ...

d) An diesem Punkte überschneiden sich zugleich die beiden Kreuzeslinien, die das ganze Bild durchziehen. An diesen Brennpunkt seines Lebens und Schicksals hält er uns liebend ... Daraus kann sich vieles für die Meditation entwickeln ...

e) Die Gestalt ist von schwingenden Linien eines Allumfassenden umgeben. Sie umgeben, aber sie schwingen auch in ihn ein, rufen ähnliche Linien in ihm hervor ... Eine Gestalt, umgöttlicht, durchgöttlicht, durch-

drungen bis in jene Mitte, in der er etwas in seinen Händen hält ...

Das Ganze eine großartige, dichte, wohlabgewogene,
zurückhaltende und bewegende Aussage, die die Tiefe
anspricht und vor der wir verweilen können.


## 2. Zur Meditation

*Die Meditation hat folgende Schritte:*

a) *Alles wahrnehmen,* was im Bilde zu sehen ist.

b) Sich durch Sitz, Haltung und Atmung in die *innere
Verfassung der Meditation* begeben.

c) Das Bild *auf sich wirken lassen.* Schweigend vor ihm
verharren, lange und ruhig. Wen es nicht anspricht,
der lese nochmals die gegebene Erschließung durch.
Besser ist es, Geduld zu haben, bis man in jene Tiefen
kommt und jenen Kontakt erreicht, bei dem das Bild
selbst spricht.

d) *Diese Aussagen in das Innerste dringen lassen:* Die Wirklichkeit des erhöhten Herrn geht in den Schauenden
ein ... dazu das Geheimnis, in seinen Händen zu sein ...
geliebt zu sein ... in seine Mitte genommen zu sein ...
an seinem Leben Anteil zu haben ... und durch ihn von
dem alles erfüllenden und allumfassenden Geheimnis
Gottes umfangen zu sein ...

Das Bild ist von Erich Unterweger, 8010 Graz, Moserhofgasse 47, und
kann als Dia oder als Meditationskarte mit vorstehendem Text beim
Calig-Verlag München bezogen werden.

# 13. ICH BIN IN DIR

*Die folgende Übung eignet sich für solche, die in einem leben-
digen Christusverhältnis leben. Sie ist eine Weiterführung der
Übung «Ich bin hier»[1] und kann oft als die eigentliche Tages-
meditation vollzogen werden. Auch der Gebrauch von Teilen
aus ihr oder von Erweiterungen ist empfehlenswert.*

*1. Ich komme zur Ruhe.* Ich sitze ruhig und atme. Der
Atem macht kein Geräusch. Der Raum um mich ist
still. Ich werde immer ruhiger ...
Du umgibst mich. Du bist die Ruhe. Deine Ruhe dringt
ein ... In ihr ist deine ganze Fülle zugleich ...
*2. Ich habe Zeit.* Sie steht still. Deine Gegenwärtigkeit
mit ihrer Fülle wird über mich mächtig ...
*3. Ich verlasse alles Nebensächliche,* alles Zufällige, Vorüber-
gehende ... Ich komme zu meinem Wesentlichen,
Eigentlichen, meiner Tiefe, in der du bist und dich
kundtust. Nichts Hastiges, Bewegtes, nichts, was vor-
überplätschert, ist mehr da, sondern dichte Gegenwärtigkeit, gedrungene Kraft, von dir ...
*4. Ich lasse mich los.* Meinen Selbstbesitz, damit du mich
besitzt, führst, trägst, lenkst. Damit ich in deine Hände
falle, in dein Tragen, in dich ...
Ich gehe meinen ganzen Körper durch. Ich lasse die
Stirn los. Sie ist entlassen. So alles Übrige, eins nach
dem anderen, das Gesicht, den Rumpf, die Glieder bis
zu den Zehen ...
Alles ist zu dir entlassen. Alles ist hinübergelassen. Alles

---

[1] K. Tilmann, Übungsbuch zur Meditation, 23–25 und Schallplatte.

ist offen für dich. Der ganze Leib mit all seinen Berei-
chen ist losgelassen in dich; er strömt Vertrauen aus.
Ich fühle in meinem Körper den Zustand unbegrenzten
Vertrauens ...

*5. Ich komme immer mehr in deine Gegenwart.* Ich war wie
eine Wasserpflanze, die aus dem Wasser genommen ist;
sie hängt schlaff und gestaltlos; sie hat ihre Gestalt verloren. Wird sie wieder ins Wasser getan, so löst sie sich,
kommt zu ihrer Entfaltung und Gestalt, ist in all ihren
Teilen vom Wasser getragen; sie wird sie selbst und
beginnt von neuem zu leben. So komme ich in deine
Gegenwart, löse mich, vertraue mich dir an, entfalte
mich in dir, komme zu meiner Freiheit, meiner Gelöstheit, meiner inneren Gestalt, meinem Wesen. Nur in dir
kann ich ja «ich» sein. Sonst bin ich ein Zerrbild.

*6. Ich entfalte mich, komme aus meiner Enge heraus.* Dein
Wohlwollen bejaht mich, ermutigt mich; ich traue mich,
schutzlos da zu sein, alle Verteidigung aufzugeben,
mich in deinem Wohlwollen zu entfalten. ...

*7. Ich lasse dich ein durch alle Poren.* Alle falsche Selbst-
bewahrung ist aufgegeben, alle verlogene Selbständig-
keit. Alles ist Vertrauen. Aus dir wird mein Leben möglich, aus dir kommt es zu seiner Wahrheit. Von dir
dringt die Liebe ein, von der ich lebe. Immer mehr will
ich untergehen in dir, mich deiner Liebe ausliefern,
mich dir ergeben ...

*8. So kann ich aus dir leben,* aus deinem Willen, deiner
Führung, deiner inneren Berührung, geborgen bei dir,
getragen von dir, bewegt von dir, entfaltet in dir, umgeben und durchdrungen von dir – in dir ...

## III. EIN ANDERER WEG IN DIE TIEFE

Es gibt auch einen anderen Weg, der in die innere Tiefe führt. Er hat viele kleine Stufen, immer gleiche, immer gleiche. Manche kommen auf ihm zunächst leichter hinab als mit der Grundübung. Drum sei er hier genannt und beschrieben.

Die immer gleichen Stufen sind *kleine Sätze und Gebete*, die ständig wiederholt werden. Man muß sie nur mit Sammlung beginnen und ganz in sie hineingehen; man muß das innerlich meinen, was man spricht. Dabei ist es gut, sich an etwas zu halten, was nie in die Irre führt. Das ist die Liebe Gottes. Wer in Liebe zu Gott kleine Gebete wiederholt, die ihm aus dem Herzen kommen oder die ihn anziehen und zu ihm zu passen scheinen, der kommt auch in die Tiefe.

*Der Zugang zu diesem Weg ist nicht schwer zu finden.* Wenn du beten möchtest und mit einem passenden Satz beginnst und ihn wiederholst, gesammelt bei ihm bleibst und alles andere wegläßt, wenn du ihn innerlich immer mehr und mehr vollziehst, bist du schon auf diesem Weg und steigst hinab in die Tiefe.

*Solche Worte oder Sätze kennst du,* oder sie werden dir mehr und mehr einfallen. Hier einige Beispiele: Komm – da bin ich – alles für dich – rühr mein Herz an – lehre mich beten – sieh, mein Gott, wie arm ich bin! – ich glaube, hilf meinem Unglauben – gib mir deinen Geist – nimm mich mir, gib mich dir – schenk mir eine Liebe, die vor nichts zurückschreckt – Ehre sei dir Herr – Herr Jesus Christus, Sohn Gottes, erbarme dich – du unermeßliches Meer der Liebe – du weißt, daß ich dich liebe. *Vielleicht warst du schon auf diesem Weg*. Das geschah so: Obwohl du dich um das Beten gemüht hast, mußtest du eines Tages sagen: Ich kann nicht mehr richtig beten. Früher habe ich mit Gott gesprochen. Aber jetzt sage ich immer nur dasselbe, kleine Sätze, nicht mehr. – Das braucht kein Verlust zu sein und weist sogar meist auf eine Stufe größerer Reife hin. Bleib dabei, sag die Worte immer wieder. Du bist schon auf dem Weg. Steig weiter hinab. Halte dich nur, wie an ein Geländer, an die Liebe zu Gott. Oder ist es seine Liebe zu dir? Vertrau dich ihr an. Laß dich von ihr führen, so kommst du immer mehr hinab. Schließlich kommst du auf den Grund. Du tust nichts mehr, bist nur ganz drunten, ihm ganz nahe, ganz in der Liebe.

Vielleicht ist dieser Weg leichter für dich. Mit den vier kleinsten Gebeten haben wir ihn schon begonnen (S. 14).

Du kannst diesen Weg hinabgehen, wenn du allein bist, wenn du kniest oder sitzt, bei gleichmäßiger Arbeit, aber auch beim Gehen. Versuche es, wie es am besten geht. Wechsle auch ab. Eins wirst du wohl merken: im unbeweglichen Sitzen kommst du am leichtesten und tiefsten hinab.

# IV. ERFAHRUNG ANDERER
## AUS DER TIEFE

Mancher kommt mit den gebotenen Übungen leicht in die innere Tiefe. Mancher aber wird immer wieder ansetzen müssen, bald dieses, bald jenes wählen, wiederholen, Geduld haben und von neuem üben.

Dann kommt ihm die Frage: Wie wird es sein, wenn ich drunten bin? Nun, das läßt sich nicht gut allgemein sagen. Unbeschreiblich groß, vielfältig, verschieden tief und doch ganz einfach ist diese Welt.

Aber als Antwort und als Hilfe zum Ziel haben wir einige *Niederschriften* zusammengestellt. Sie sind keine Anweisungen zum Nachahmen; solche Vorgänge kann man ja nicht machen. Vielmehr versuchte der jeweilige Autor, nach einer Meditation möglichst treu den tatsächlichen Ablauf aufzuzeichnen. Diese Texte lassen spüren: Wer das geschrieben hat, war drunten. So sind sie gleichsam Botschaften aus der Tiefe. Sie können uns helfen, daß wir Ähnlichem Raum geben, wenn es sich einstellen will.

## 1. «IMMER TIEFER DRINGT
## DIE RUHE EIN»

Als ich mich gesetzt hatte, merkte ich, wie ich noch nicht tief in Ruhe war. Ich ließ darum die Ruhe wie eine langsam fließende Flüssigkeit über mich kommen, am Scheitel beginnend über den Kopf, die Schultern, den Rumpf, ganz langsam hinabsinkend. Ich war wie in einen Mantel eingehüllt. Den Vorgang begleiteten die Worte: «Immer tiefer dringt die Ruhe ein.»
Als ich zum Unterleib kam, setzte sich das Wissen um den in mir anwesenden Geist durch, und die Worte formten sich um: «Immer tiefer dringt deine Ruhe ein.» Die Bewegung ging weiter über die Beine bis zu den Füßen. Der ganze untere Körper war im Wirkbereich des Geistes und der Ruhe, die von ihm ausging.
In diesem Ausströmen der Ruhe vom Geiste her verharrte ich lange. Dann kamen die anderen in den Blick, und die Worte änderten sich: «Immer tiefer dringt deine Ruhe in *uns* ein.» Ich war mit ihnen in Gottes Geist verbunden und in der Ruhe, die von ihm ausgeht.

## 2. «LAUSCHEN WILL ICH, WAS DER HERR IN MEINEM INNERN REDET»

Schon während des Aufstehens war eine Freude in mir, daß ich nun bald in solcher Nähe Gottes sein könnte. Ich begann mit dem Wort OM, dem Sinnbild für das wortlose, unbegreifliche Geheimnis – und sank immer mehr in die Tiefe. Dann kam das Wort: «Lauschen will ich, was der Herr in meinem Innern redet.» Es war ein immer stärkeres Hinlauschen in die Tiefe.

Dann wurde mir klar, daß das Sprechen Gottes jetzt wortlos sein wird, nur Nähe und Geheimnis ist. Immer intensiver lauschte ich in die wortlose Tiefe, ganz da für ihn. Dann kam das Wort: «Du sprichst in weiseloser Weise.» Einfach durch Dasein, durch Nähe, durch Umfangen. Auf diese Weise ließ ich ihn ganz zu Wort kommen, ohne Worte.

## 3. FALLENDES FEUER

Es war eine Weile vor der Eucharistiefeier. Ich saß und kam in Tiefe und Stille. Da war es, als käme von oben etwas herab, Feuer, durch den Kopf herniederfallend, durch meinen Leib bis in den Grund. Dort verzehrte es, was brennbar war. Ich ließ es verlangend und dankbar geschehen, Vernichtung von allem, was ihm entgegensteht. Es wirkte reinigend und entleerend von allem wohl, was ungereinigtes Ich ist. Ich ließ es brennen und verzehren.

## 4. DU FLIESST EIN

Ich gehe im Wald spazieren. Ich tue nichts, ich denke nichts, ich bin nur ruhig, aber du fließt ein. Dann sitze ich ein wenig und schaue ins Land, will nichts, suche nichts, aber du fließt ein.

Wie kommt das eigentlich? Durch welche Poren strömst du herein? Ich weiß es nicht, ich nehme es mit keinem Sinne wahr, aber du fließt in mich ein. Du bist da. Du erfüllst. Du läßt deine Nähe erfahren, noch mehr: dein Innen-Sein. Du bist da.

Ich gehe wieder. Ich sehe, schaue. Still ist es um mich. Tiefe Ruhe ist in mir, und du fließt ein.

## 5. SCHALE UND FLAMME

Gestern abend sah ich auf einem Grabstein ein Sinnbild: eine Schale mit einer Flamme darin. In der Übung, es war die Woche vor Pfingsten, nahm ich die Schale in meine Tiefenmitte. Sie war weit offen; sie wurde es immer mehr. Ich wurde: Empfänglichkeit. Dann war die Flamme in der Schale. Der Geist des Herrn, mir geschenkt, der mit «unaussprechlichen Seufzern» betet und den Lobpreis in mir darbringt. «Empfangen, bewahren, weitergeben» als Aussagen der Schale kamen mir in den Sinn. Ich ging diese Schritte durch. Empfangen von diesem Licht, es bewahren und an andere weitergeben. Dann waren es viele Schalen, alle offen für den Pfingstgeist, alle bereit zum Empfangen und Weitergeben. Alle sollen davon empfangen.

## 6. DU DARFST RUHIG IN MIR
## SCHWEIGEN

Ich komme still hinab. Zu dir. Du brauchst nicht zu reden, nichts zu tun. Ich will nur ganz unten in der Stille bei dir sein.

Du bist da. Deine Nähe macht mich glücklich.

Du schweigst. Es ist schon recht. Du dringst ein, umfängst mich. – Diese Worte sind nicht gut. Es gibt keine Worte dafür.

Du darfst schweigen. Du darfst alles: warten, mich warten lassen, mich reinigen, fördern, mich umformen, mich durchdringen, alles. Alles, was du tust, ist gut.

*Alles.* Welch ein Wort! Alles soll für dich geschehen ... alles sollst du haben ... alles erwarte ich von dir ... alles ist dir offen ... alles lebt für dich ... alles gerät in Bewegung, weil du da bist ... alles ist ruhig, weil du da bist. Alles, welch wunderbares Wort!

In all dem darfst du schweigen. Ich weiß nichts und tue nichts. Deine Anwesenheit sättigt mich. So darfst du ruhig in mir schweigen.

## 7. NIRGENDWO IST DEINER LIEBE
## EINE GRENZE GESETZT

Keine Stelle ist in mir, zu der du nicht kommen könntest.

Keine Angst, kein Mißtrauen besetzt mich, das dich abhielte.

Kein Grad der Liebe, mit der du kommen willst, ist dir versagt.

Keine Fähigkeit ist in mir, die nicht mittun möchte.

Kein Maß der Durchdringung gibt es, das dir verwehrt wäre.

Kein Gebiet, auf dem ich anders will als du.

Keines, in dem du nicht bestimmen solltest.

Keines, auf dem ich nicht zurücktreten möchte.

Nichts ist in mir, was nicht lieben und deine Liebe aufnehmen möchte.

Jede Stelle, die noch nicht durchdrungen ist, fühlt sich dürr und öde.

Alles ist auf totale Durchdringung eingestellt, alles in mir wünscht sie, alles in mir möchte sie weiterleiten, damit alle deiner Liebe teilhaftig werden und deine Liebe nirgendwo eine Grenze erfährt.

# V. DER CHRISTUSROSENKRANZ
## ALS WEG IN DIE TIEFE

Für viele ist der Rosenkranz mit seiner klaren, verlässigen Form und seinem gleichmäßigen Wiederholen und Tun zum Weg in Sammlung, Ruhe und Tiefe geworden. Wer ihn liebt, gebrauche ihn.

Andere wollen sich lieber im Gebet an Christus wenden und möchten vor allem Gesätze verwenden, die für unseren Heilsweg wesentlich sind. Hier kann der Christusrosenkranz helfen.

*Als Gebet bietet sich jenes an, das im «Gotteslob», im neuen Einheitsgebetbuch, auf Seite 29 steht. Es lautet:*

Sei gepriesen, Herr Jesus Christus,
Sohn des lebendigen Gottes.
Du bist der Erlöser der Welt,
unser Herr und Heiland.
Komm, Herr Jesus, und steh uns bei,
daß wir allezeit mit dir leben
und in das Reich deines Vaters gelangen. Amen.

*Der Inhalt der Gesätze, der durch die kleinen Einschübe bezeichnet wird, kann von jedem gewählt werden. Ein erprobter Vorschlag, der sich als feste Ordnung anbietet, ist folgender:*

1. Der uns die Frohe Botschaft gebracht hat.
Der in allem den Vater verherrlicht hat.
Der den Menschen gedient hat.
Der unser aller Meister geworden ist.
Der uns die heilige Eucharistie geschenkt hat.

2. Der für uns Blut geschwitzt hat.
Der für uns gegeißelt worden ist.
Der für uns das schwere Kreuz getragen hat,
Der dem Vater bis in den Tod gehorsam war.
Der für uns gestorben ist.

3. Der von den Toten auferstanden ist.
Der uns den heiligen Geist gesandt hat.
Der in seiner Kirche lebt und wirkt.
Der kommen wird zu richten die Lebenden und die
Toten.
Der alles vollenden wird.

Kleine Frage zur Selbstprüfung: Wenn du allein
bist, es ist still um dich, und du hast nichts zu tun:
wirst du unruhig oder wirst du still und glücklich
und sagst: Gott sei Dank?

# VI. WIE MAN GOTT ALS DEM GRUND
# DER WELT BEGEGNEN KANN

## 1. EINE GOTTESLITANEI

*Viele Menschen sind heute von der Frage nach Gott bedrängt.
Sie wollen wissen: Wo kommt Gott in meinem Leben vor?
Sicher ist das eine Kernfrage, und die Antworten sind oft
kümmerlich. Andere, die das Ganze sehen und aus dem Grunde
leben, werden vielleicht sagen: Überall ‹knistert› es von Gott.
Überall ist sein Aufleuchten und Eindringen wahrzunehmen.
Von solchen Erfahrungen sprechen die Anrufungen der folgen-
den Litanei.*

*Man lasse sich von den einzelnen Zeilen ansprechen, setze sich
ihnen aus, lasse sie eindringen und sie zu eigenen Anrufungen
Gottes werden. Am besten wiederholt man sie oft. So kann
seine Wirklichkeit immer kraftvoller und näher werden.*

Du Geheimnis, das unser Leben durchdringt
Du Ziel unserer Lebenshoffnung
Du Erfüllung unserer Sehnsüchte
Du Grund, auf dem das Dasein ruht
Du Gestalter alles Gewachsenen
Du Quell unseres Lebens

Du Urbild aller Menschen
Du Fernster und Nächster
Du Schweigen im Grund unserer Seele
Du Licht im Innersten unseres Inneren
Du Schönheit, die in der Schöpfung aufleuchtet
Du Glanz in der Herrlichkeit alles Schönen

Du Aufruf in all unserer Verantwortung
Du Ahnung neuen Lebens in unseren Verzichten
Du heimliches Flüstern in unsern inneren

Bekehrungen
Du verborgener Zug in unsern Erneuerungen
Du Auftrieb in unsern guten Taten

Du Halt, wo wir verzweifeln möchten
Du Heil, wenn wir zerbrochen sind
Du Antwort auf die Schreie unseres Herzens
Du Erbarmer über unsere Schuld
Du neuer Mut, wenn wir uns aufraffen
Du Geduld in unserm Durchhalten

Du Herr über alles, was uns anvertraut ist
Du Licht in der Dumpfheit des Alltags
Du Frische, wenn Überdruß und Ekel über uns

kommen
Du letzter Halt in Grauen und Entsetzen
Du Sinn in aller Sinnlosigkeit

Du Gegenwart in aller Verlorenheit
Du letzte Sicherheit, wenn die Verzweiflung droht
Du Befreiung, wenn uns das Schicksal an die Gurgel

greift
Du Rettung, wenn wir gelähmt sind
Du Auftrieb in allem neuen Beginnen

Du ganz anderer über den Müllhaufen der Welt
Du schärfster Gegensatz zu Haß und Blutvergießen
Du Anwalt allen schutzbedürftigen Lebens
Du Vater aller Verlorenen und Entrechteten
Du Ursprung allen Friedens

Du Pfeil, der uns im Anfang aller Bekehrung trifft
Du Strahl, der in Verwirrung Klarheit schafft
Du Befreiung in den Alpträumen unserer Angst
Du Macht, die in menschlicher Ohnmacht
                                        durchkommt
Du Ganzes, das in unsern irdischen Freuden
                                        aufleuchtet

Du Melodie in allem jugendlichen Charme
Du Wärme in Gemeinschaft und Freundschaft
Du Leuchten in der Seligkeit aller Liebe
Du Fülle in der Kraft ehelicher Liebe
Du Geduld in den Mühen um unsere Kinder

Du Vollender alles Unerfüllten
Du allumfassende Erfüllung
Du Klarheit in unserm Vorwärtsschreiten
Du neuer Lebensraum in den Durchbrüchen unseres
                                        Ichs
Du Nähe in unserm Innersten

Du stille Würde in der Einfachheit christlichen Lebens
Du Charme im selbstverständlichen Gutsein
Du Milde in unsern Auseinandersetzungen
Du Freude in unsern selbstlosen Taten
Du Quellgrund alles Guten in uns

Du großes Auffangen in unsern alten Tagen
Du neuer Morgen, wenn wir dem Tod entgegengehen
Du Ganzheit, der wir entgegenwachsen
Du Sinn unseres Lebens
Du Liebe, die überall zum Leben drängt
Du allumfassende Zukunft
Du alles durchdringendes Alles.

## 2. EINE WEGWEISUNG UND ANLEITUNG

*Vielen wird die Gotteslitanei und ihre Übung leicht und be-
glückend eingehen. Rationale Menschen aber finden schwer
einen Zugang. Vielleicht fragen sie gar: Wie paßt das zu der
Antwort, die auf die Frage «Wo ist Gott?» gegeben wurde
(S. 17)? Darum seien hier noch zwei andere Antwortgrup-
pen gegeben, die große Lebens- und Übungsgebiete sind für alle,
die aus ihrem inneren Grunde leben wollen.*

### Die erste Gruppe

a) *Gott ist in der Tiefe aller Dinge und Menschen.* Alles, was
gut ist, was uns freut oder beschenkt, was uns etwas bedeutet, alles worin uns ein Sinn begegnet, ein Glück,
eine Erfüllung, all das ist nicht nur das greifbare Ding,
nicht nur dieser Mensch in sich. Er läßt vielmehr etwas
durch. Es leuchtet durch ihn das unermeßliche Geheimnis, aus dem alles hervorgeht, das alles trägt, das Sein,
dem alles einzelne Seiende das Dasein verdankt. Alle
Dinge und Menschen sind wie eine Milchglasscheibe.
Sie läßt zwar die Sonne selbst nicht sehen, aber sie läßt
das Licht der Sonne durch[1]. Darum wird in zahllosen
Begegnungen, Schicksalserfahrungen, Kunstwerken
und anderem Gott in der Weise des Durchleuchtens,
der Transparenz erfahren.

b) *Gott ist dort, wo Dinge und Menschen ihre Grenzen
haben.* Hat nicht alles Schöne und Gute, das wir erfah-

---

[1] Das Gute in Dingen, Menschen und Ereignissen wahrzunehmen als
Durchleuchten Gottes verlangt Übung und Gewöhnung. Dafür muß
der Mensch gesammelt, still und in seiner Tiefe sein. Ausführlich ist
dies als Übung dargestellt in: *K. Tilmann, Übungsbuch zur Meditation,*
127: «Im einzelnen das Alles».

ren, seine Grenzen? Es ist nur teilweise gut und eine Zeitlang gut. Es sättigt teilweise, aber nicht ganz. Das aber, was dann kommt, was über alle Grenzen hinaus beschenkt, erfüllt, sättigt, aufnimmt, vergibt, liebt, was über alle Begrenztheit der Dinge und Menschen hinausgeht und jenseits ihrer Grenzen ist, das ist Gott.

c) *Gott ist im Innersten unseres Inneren.* Er umgibt uns nicht nur und trägt uns, sondern wir können ihn finden im Innersten unseres Inneren. Er ist uns dort näher, als wir uns selbst sind, da wir so viel außer unserer Mitte und Tiefe sind. Wer ganz in seine Tiefe, in den Grund seines Inneren findet, der findet dort Gott.

*Die zweite Gruppe*

Eine andere Antwortgruppe heißt: *Gott ist dort, wo die Gemeinde zum Gottesdienst versammelt ist.* Da ist er in der Versammlung, der Gemeinschaft, der Liebe. Er ist in seinem Wort, das verkündet wird, in den Gebeten und Liedern, die sein Lob aussprechen und ihn anflehen. Er ist in der Feier der heiligen Eucharistie: in Christus, seinem Sohn, der mitten unter uns ist; in seinem Geist, durch den er in unsern Herzen wirkt. Und er ist da als der allumfassende Vater, der alles trägt und in dem aller Lobpreis mündet.

Besonders finden ihn viele, wenn in der Gemeinde Offenheit, Freundlichkeit und herzliche Liebe ist; wenn der Suchende angenommen, dem Fragenden zugehört, dem Vereinsamten Gemeinschaft geschenkt wird. Am Gründonnerstag wird gesungen: Wo die Liebe und Güte, da ist Gott.

Leben ohne Tiefe ist langweilig. Leben ohne Gott ist leer und hohl und wird zur Lüge, die alles verfälscht.

Leben aus Gott, mit ihm und für ihn ist Wahrheit und Erfüllung ohne Grenzen.

Die Sehnsucht haben nach Innerlichkeit und Tiefe, und wenn die Sehnsucht verloren ist, die Sehnsucht nach der Sehnsucht haben und täglich Gott darum bitten.

Hilfen zur Ruhe: In Meditationshaltung sitzen. Innerlich hinuntergehen. Unten atmen. Auf den Herzschlag hören. Beim Atmen zuschauen. Die Stille innerhalb des Zimmers hören. Die Unbeweglichkeit des Zimmers wahrnehmen. Die ganze Aufmerksamkeit in den Unterleib sammeln. Ganz gelöst und entkrampft sitzen. Ein Wiederholungswort sprechen. Zuschauen, wie die Zeit vorüber geht. Die Geräuschlosigkeit des Lebens im eigenen Leibe wahrnehmen. Ausatmen und dann verharren. Sich von Gott anschauen lassen. Sich von ihm lieben lassen, weiter nichts.

Auch wenn die Arbeit drängt, nie hastig werden, ganz unten bleiben und leicht und flüssig das Notwendige tun.

# VII. ALLTAGSLEBEN
## AUS DEM INNEREN GRUND

Kann man ständig aus der Tiefe leben? Nein und ja. Zwei Regeln geben eine gute Antwort. Die erste gab ein Meister seinem Schüler, der klagte, daß er nicht Zeit noch Ruhe fände zur Meditation: *«Tue alles, was du tust, ganz.* Liest du, so lies ganz. Bist du bei deiner Frau, so sei ganz für sie da. Spielst du mit deinen Kindern, so sei im Spiel mit ihnen ohne Vorbehalt. Ißt du, so iß wie einer, der darin Beschenkung erfährt. Sprichst du mit jemand, so sei ganz da zum Hören und geistigen Geben. Tue es so bei allem, bei der Arbeit und beim Schlaf, in der Freizeit und im Gebet. So wirst du mitten im Leben den Weg in die Tiefe finden.» Handle auch du nach dieser Regel. Du wirst die Wirkung merken.

Es gibt noch eine andere Regel. Sie heißt so: *«Tue alles, was du tust, in Gehorsam und Liebe zu Gott.»* Dann ist alles mit Gott und seinen Absichten verbunden, und alles Leben fließt aus der Einheit mit ihm: das Aufstehen und Arbeiten, das Begegnen und Zusammenleben mit anderen, das Mühen und Sich-Freuen, das Ertragen und Durchhalten, das Essen und das Schlafengehen.

Beide Regeln wollen geübt sein. Immer wieder. Am besten getrennt voneinander. Und beide über Jahre und Jahrzehnte. Im Leben des Alltags. Zugleich wächst, was sie meinen, durch die regelmäßige tägliche Übung der Versenkung. Beides wird zur Einheit.

Wer aus diesen beiden Regeln lebt, ist mit seinen inneren Wurzeln immer im Grunde seines Wesens und im letzten Grunde, der ihn trägt. Er lebt aus der Tiefe.

«Schläft ein Lied in allen Dingen,
die da träumen fort und fort,
und die Welt hebt an zu singen,
triffst du nur das Zauberwort.» (Eichendorff)

Die Meditation öffnet den Weg zu solchen Erfahrungen. Laß dir von jedem Ding sein Lebenslied vorsingen.

Ein Afrikaner, noch nicht getauft, ging oft in die kleine Kirche und blieb lang darin. Als ihn der Missionar fragte, was er dort tue, antwortete er: «Ich halte mein Herz in der Sonne!»

Eine kleine Übung heißt: «Ja, gern, für dich!» Geh am Morgen in deine innere Stille, stell dir vor, was heute getan werden muß, und sag bei allem, was dir einfällt, dieses Wort, auch wenn du an die langweiligen Kleinigkeiten denken mußt und an das Unangenehme und Schwere. Dann geh froh und voll Bereitschaft in den Tag.

# VIII. MENSCHEN,
## DIE AUS DER TIEFE LEBEN

Wer in seinen inneren Grund gefunden hat und daraus lebt, verändert sich. Auch andere werden es merken. Manchmal wird das Neugewordene in einzelnen Handlungen deutlich, in Worten oder in Entscheidungen. Die fünf folgenden Beispiele zeigen es:

# 1. EIN YOGI UND ALEXANDER
## DER GROSSE

Als Alexander der Große nach Indien kam, sandte er seinen Offizier Onesikritos zu dem Yogi Dandamis, der in einem Erdloch unter Bäumen hauste und von Pflanzen und Wasser lebte.

«Der Herr der Welt, Alexander, befiehlt dir, vor ihm zu erscheinen. Wenn du gehorchst, wird er dich reichlich mit Gaben belohnen. Wenn du dich widersetzt, wird er dir zur Strafe den Kopf abschlagen!»

Der Yogi erhob nicht einmal das Haupt von seinem Blätterlager, erzählt der griechische Geschichtsschreiber.

«Frage Alexander», erwiderte der Yogi, «wie er der Herr der Welt sein kann, wenn er nicht einmal Herr seiner selbst ist. Ich liebe nicht das Gold und fürchte nicht den Tod. Daher komme ich nicht zu Alexander. Wenn er aber zu mir kommen will, sei er willkommen.»

Der solcherart brüskierte Alexander, so notierte der griechische Geschichtsschreiber, «verlangte mehr denn je danach, Dandamis zu treffen, der, obzwar alt und nackt, der einzige Widersacher war, der dem Besieger der Völker überlegen war».[1]

---

[1] Aus: E. Stürmer, Der Yogareport, Freiburg 1974, 23.

## 2. DIE ARMUT
## DES RABBI MICHAL

Rabbi Michal lebte in großer Armut, doch verließ ihn
die Freude nicht für eine Stunde. Jemand fragte ihn,
wie er jeden Tag beten könne: «Gesegnet, der mir alles,
dessen ich bedarf, gewährt»? Er wisse doch, daß ihm
alles, wessen der Mensch bedarf, mangele.

«Sicherlich ist, wessen ich bedarf, eben die Armut»,
antwortete der Rabbi, «und die ist mir ja gewährt.» [1]

[1] Nach Lindenberg (13).

## 3. EIN BETTLER FÜR ANDERE

Ein Geistlicher, der für seine Armen sammelte, ging in ein Gasthaus. Ein Herr, den er um eine Gabe bat – es war einer, der alles Kirchliche haßte –, fuhr ihn zornig an: «Wie kommen Sie dazu, mich um Geld zu bitten?», und spuckte ihm ins Gesicht. Der Geistliche zog ruhig sein Taschentuch, wischte das Gesicht ab und sagte: «Das war für mich. Nun geben Sie mir bitte noch etwas für meine Armen.» Dabei hielt er ihm seinen Hut hin. Der Gast war von diesem Verhalten so überrascht und überwältigt, daß er seine Geldbörse zog und ihren ganzen Inhalt in den Hut des Bittenden leerte.

Der Bettler für die Armen hatte sein Geheimnis. Er war nicht in seinem kleinen und selbstsüchtigen Ich hängengeblieben, sondern lebte aus dem Abgrund der Liebe Gottes. Es war Klemens Maria Hofbauer, der spätere Apostel von Wien und Heilige.

## 4. EIN JUNGER ARBEITERFÜHRER UND SEINE INSCHRIFT IN DER HAFTZELLE

Es war kurz nach dem Zweiten Weltkrieg. Die Grenze nach Frankreich war noch geschlossen, Pässe oder Grenzscheine gab es nicht.

Ein Geistlicher und ein junger Arbeiterführer wollten zu einer Tagung der christlichen Arbeiterjugend nach Paris. Der heimliche Übergang über die Grenze gelang, auf dem Rückweg aber wurden sie verhaftet und in Gewahrsam genommen, getrennt in zwei Zellen. Als sie nach drei Tagen entlassen wurden und sich wieder sahen, sagte der Geistliche: «Scheußlich, was da alles an die Wände geschmiert war!» Der Jungführer antwortete: «Ich habe etwas dazugeschrieben.» «Was denn?» fragte sein Begleiter. «Ich habe geschrieben: Wo du auch bist und was dir auch geschieht, immer wacht über dir die Liebe Gottes.»

Wie kam der junge Mann dazu, ein solches Wort anzuschreiben? Er lebte wohl aus seiner inneren, blühenden Tiefe; von dort war es ihm zugewachsen.

## 5. EINE FRAU LEBT MIT DEN ELENDESTEN

Die Ordensfrau hatte von dem schrecklichen Elend der Menschen gehört, die in derselben indischen Stadt wie sie in den Slums lebten. Da drängte es sie, die Armut mit ihnen zu teilen und ihnen zu helfen. Sie erhielt die Dispens vom Gemeinschaftsleben des Ordens und zog zu den Ärmsten. Sie holte die Sterbenden von den Straßen – der erste wurde schon von Ameisen und Ratten angefressen – und stand ihnen in ihrer letzten Not bei. Sie rettete Säuglinge, die in Mülltonnen geworfen worden waren, und nahm sich der Not der Aussätzigen und ihrer eiternden Wunden an.

Mehr und mehr schlossen sich andere Menschen ihr an und halfen. Die Frau lebt noch heute. Man nennt sie: Mutter Teresa von Kalkutta. Sie sagte einmal: «Keine Not, weder die eigene noch die fremde, darf uns so bedrücken, daß wir auch nur einen Augenblick die Freude über den auferstandenen Herrn vergessen.»

In diesem Grunde ist sie verwurzelt, unerschütterlich lebt sie aus ihm.

Die uneingeschränkte Hingabe an Gott ist das große Tor zur Freiheit.

Ruhige Entschlossenheit und tägliches Üben in Geduld sind grundlegende Voraussetzungen auf dem Weg in die Tiefe.

Nach innen lauschen und das Schweigen hören: Im Schweigen ist Gott.

Die Liebe wird ihren Weg finden.

# IX. DAS GEHEIMNIS UNSERER TIEFE

Was ist das nun für ein Geheimnis, das wir den blühenden Abgrund oder die innere Tiefe nannten? Es ist zunächst der Grund unseres Wesens, unser Tiefstes und Eigentlichstes, das unser Verstand nicht zu erkennen und unser Wille nicht zu bewegen vermag. Es ist der Quellgrund unseres Wesens, zu dem wir in der Versenkung hinabgehen, damit die Wasser der Tiefe uns durchdringen und unser ganzes Leben fruchtbar werden lassen. Sie können alles in uns beleben, das Sein und das Tun, vom alltäglichen bis zum höchsten, zu Bibellesung, Eucharistiefeier und Gebet.

In jener inneren Tiefe sind alle unsere Fähigkeiten wie in einer geheimnisvollen Wurzel beisammen. Nichts fällt dort auseinander. Kommt ein Mensch in diese seine Tiefe und beginnt sie zu leben, so geht von ihr Ordnung, Wahrheit, Kraft, Geduld, Güte und vieles in unser Wesen ein, das uns heil macht. Aus der Tiefe kommt mehr an Erkennen und rechtem Leben, als dem Kopf gegeben ist. Vor allem kommt von dort die letzte Liebe.

Unser Grund ist auch die Stelle, in der jeder Mensch vom Wesen her in Gott verwurzelt ist, wie der Baum in der Erde. Dort kommt sein Leben in uns herein. Unglücklich der Mensch, dessen Tiefe verkümmert oder tot ist.

In diese Tiefe hat uns Gott seinen Geist gegeben. Paulus sagt von ihm, daß er in uns ruft «Abba, Vater» (Gal 4, 6). Je mehr wir uns unserer Tiefe und dem Wirken dieses Geistes Gottes in uns überlassen und anvertrauen, um so reifer, erlöster und vollendet werden wir in unserm Wesen und Leben.

# X. WEISUNG IN DIE ZUKUNFT

Ganz fertig wird man mit diesem Buche nicht. Wird man fertig mit sich selbst? Mit dem Weg zur Reife und zur Tiefe? Mit dem Weg zum anderen? Und mit Gott? Aber nach längerem Durchgehen und Üben wird sich mancher weitere und andere Hilfen wünschen.

Da wäre zuerst zu empfehlen, wenn möglich an einem guten *Meditationskurs* teilzunehmen, in dem innere Versenkung und christliches Leben zur Einheit werden können. Dann wird manches, was hier gelesen und geübt ist, neu aufleuchten.

Ferner empfiehlt es sich, mit anderen Gleichgesinnten, die bereits an einem Meditationskurs teilgenommen haben, sich in regelmäßigen Abständen zusammenzufinden und *gemeinsam zu üben*.

Wer *weitere Bücher* aus der großen Meditations-Literatur lesen will und vor der schwierigen Aufgabe der rechten Auswahl steht, sei auf einige hingewiesen:

*Weitere Übungen* finden sich im *Übungsbuch zur Meditation* (mit Schallplatte) des Verfassers (Literatur-Verzeichnis, Nr. 1).

*Eine gründlichere Darstellung,* zumal für Anleitende, bieten *Die Führung zur Meditation,* Band I (Literatur, Nr. 2) und Band II (Literatur, Nr. 2a).

*Den Kern unseres Glaubens* findet man in dem sehr empfehlenswerten Büchlein von Franz Schreibmayr: *Wovon der Glaube lebt* (Literatur, Nr. 3). Es ist eine klare und wegweisende Theologie der Verkündigung für jedermann.

*Eine tägliche Glaubenslesung* findet man in den von August
Berz herausgegebenen Bänden *Mit Gott ins Heute* und
*Als Christ in den Tag* (Literatur, Nr. 4 und 5).
*In die Schweigemeditation* führt sehr gut ein Willi Massa:
*Schweigen und Wort* (Literatur, Nr. 6; freilich bestehen
theologische Änderungswünsche).
In die Welt des *Zen* führen vor allem die Werke von
Enomiya-Lassalle ein (Literatur, Nr. 7 und 8), ferner:
Gerta Ital: *Der Meister, die Mönche und ich* (Literatur,
Nr. 9) sowie die Werke von Graf Dürckheim (Literatur,
Nr. 10, 11, 12).
In die *Vielfalt menschlichen Betens* führt das Buch von
Wladimir Lindenberg ein (Literatur, Nr. 13).
Eine *Meditationshilfe für Behinderte und Kranke* bietet das
Buch von Karin Johne: Meditation für Kranke (Litera-
tur, Nr. 14).

Ein gutes Geleit von oben, ein inneres wie ein äußeres,
sei allen gewünscht, die sich auf den Weg begeben haben.

# XI. MEDITATIONSHALTUNGEN

Gemilderter Lotussitz

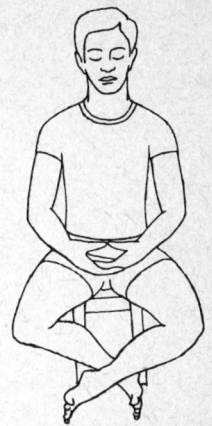

auf einem Hocker

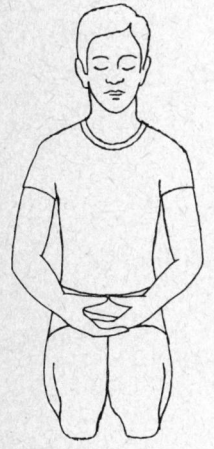

Fersensitz von vorn

Fersensitz von hinten

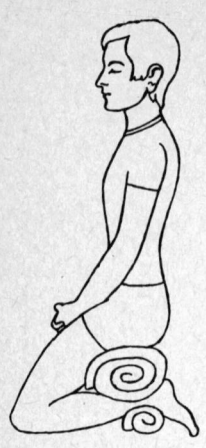

Fersensitz mit Polstern

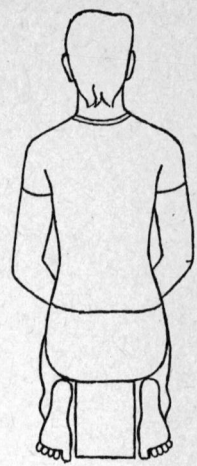

Sattelsitz

mit Sitzbänkchen